Impressum

Band 8 der Reihe „Schau, so geht das!“
Velber-Verlag

Illustrationen: Detlef Kersten
Coverfoto: Christoph Schmotz
Experimente-Fotos: Christoph Schmotz (9, 11, 13, 15, 17, 19, 21, 23, 25, 27, 29, 31, 33, 35, 37, 39, 41, 43, 45)
sonstige Fotos: Geomag (12); Photodisc (14, 32, 44); Picture Alliance (10, 16, 24, 28, 30, 38, 42); Ulrike Berger (8, 18, 20, 22, 26, 34, 36, 40)

Text und Redaktion: Ulrike Berger
Layout: Anja Schmidt
Repro: Baun PrePress, Fellbach
Druck und Bindung: Proost, Belgien

velber

Die Elektro-Werkstatt

Spannende Experimente mit Magneten und Strom

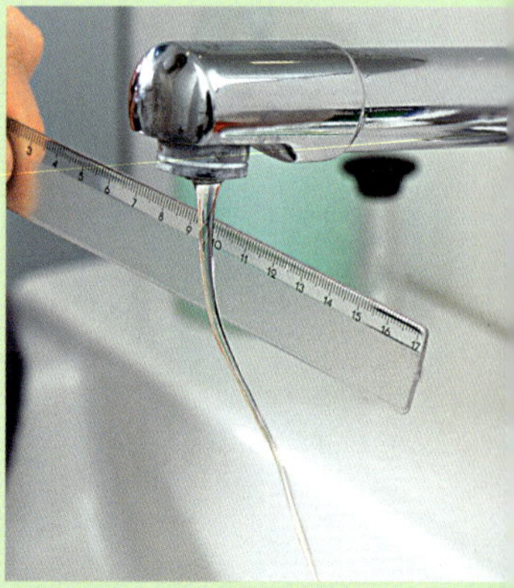

Viele spannende Experimente zum Thema Magnete und Strom warten in diesem Buch auf euch. Was ihr dafür braucht, gibt es in fast jedem Haushalt – und einen guten Magneten bekommt ihr im Spielzeugladen.
Die Experimente mit statischer Elektrizität (wenn sich etwas aufladen soll) gelingen besser, wenn trockenes Wetter herrscht.
Am besten geht's im Winter, bei klarem Frostwetter – und aufgedrehter Heizung ...
Und falls ein Experiment nicht sofort gelingt: Nicht den Mut verlieren! Einfach probieren, bis es klappt. Forscher brauchen Geduld. Doch es lohnt sich, denn bei jedem Experiment werdet ihr mehr von den großen Wundern dieser Welt verstehen!

Der große Magnet-Test

Du brauchst:

- einen Hufeisenmagneten
- Gegenstände aus dem Haushalt (Büroklammern, Kugelschreiber etc.)

Teste die Materialien. Was wird vom Magneten angezogen? Teste auch Türklinken, die Kühlschranktüre usw.

Was passiert?

Es ist nicht leicht, vorher zu erraten, was angezogen wird. Meist sind es nur Gegenstände, die Eisen oder Stahl enthalten, die vom Magneten angezogen werden!

Die Kühlschranktüre

Im Rahmen der Kühlschranktüren ist ein Magnet. Deshalb schließt die Türe immer luftdicht. Wenn die Türe ohne Dekor ist, wird sie oft mit allerlei Magneten als Küchen-Pinnwand verwendet!

Ein Magnetsegler

Du brauchst:
- einen starken Magneten (z. B. aus einem alten Lautsprecher)
- Nadel und Faden
- Seidenpapier

Falte ein kleines Stück Seidenpapier (siehe Foto) und steche eine Nadel hindurch. Halte diesen „Flieger“ am Faden an einen Magneten. Ziehe ihn leicht weg. Wie weit kannst du ziehen, ohne dass dein Flieger herabfällt?

Was passiert?
Das Magetfeld wirkt auch in einem Abstand um den Magneten herum. Je stärker der Magnet ist, desto größer ist dieses Feld – und umso weiter weg kannst du deinen Flieger ziehen.

Herzschrittmacher

Im Umfeld starker Stromleitungen, zum Beispiel einem Umspannwerk, entstehen Magnetfelder. Menschen mit Herzschrittmacher müssen aufpassen. Das Magnetfeld kann so stark sein, dass es den Herzschrittmacher unter der Haut erreicht und ihn gefährlich „aus dem Takt“ bringt.

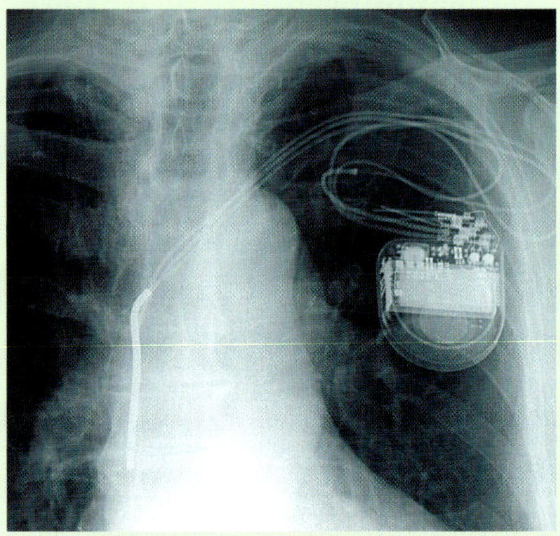

Die Nagelkette

Du brauchst:
- einen Magneten
- viele Stahlnägel

Hänge einen Nagel an den anderen, bis eine ganze Kette am Magneten hängt. Wie viele Nägel schaffst du?

Was passiert?
Das Magnetfeld des Magneten „wandert“ durch die Nägel hindurch!

Voll anziehend

Es gibt tolles Spielzeug mit Magneten, zum Beispiel dieses Stäbchenspiel. Allein durch magnetische Kräfte halten alle Teile zusammen! So lassen sich große Figuren und ganze Bauwerke konstruieren.

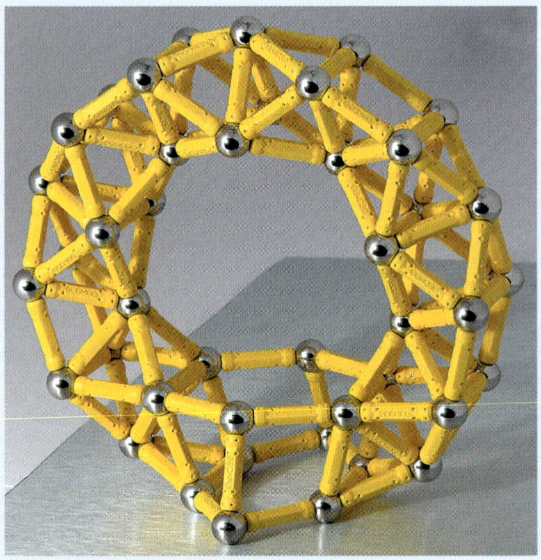

Verliebte Enten

Du brauchst:

- einen Korken
- zwei Stecknadeln
- ein Glas oder einen Teller mit Wasser
- einen Magneten
- buntes Papier
- Knete

Schneide von dem Korken zwei Scheiben ab. Lass dir dabei helfen! Auf die Korken setzt du Enten aus Papier. Streiche nun mit einem Magnet immer in gleicher Richtung über die Nadeln und befestige sie mit etwas Knete auf den Korken. Setze die Korkscheiben ins Wasser.

Was passiert?

Die Nadeln sind kleine Magneten geworden. Daher werden die Enten aufeinander zu schwimmen – entweder Kopf an Kopf, Schwanz an Kopf oder Schwanz an Schwanz.

Ein Kompass

Ein Kompass besteht aus einer Flüssigkeit, in der sich eine magnetische Nadel frei drehen kann. Diese richtet sich immer entlang des Erdmagnetfelds aus: in Nord-Südrichtung – deine Enten übrigens auch!

E
120
150
60
SE
30
NE
S

Bilder aus Eisen

Du brauchst:

- einen Magneten oder mehrere Magnete
- Eisenspäne
- Papier

Lege das Papier auf einen Magneten. Dann streust du die Eisenspäne darüber und klopfst leicht an dem Papier.

Was passiert?

Es bildet sich ein Muster. Das sind die „Feldlinien“ des Magneten! So kannst du genau das Magnetfeld deines Magneten sehen.

Die Wege der Zugvögel

Auch unsere Erde hat ein solches Magnetfeld. Die Feldlinien laufen vom Nordpol zum Südpol. Zugvögel sind in der Lage, diese Linien zu spüren, und finden so den Weg in ihre Winterquartiere!

Ein Magnet-Turm

Du brauchst:

- Pappe (z. B. eine Streichholzschachtel)
- einen Hufeisenmagneten
- Nägel
- Knete

Stelle den Magneten mithilfe der Knete auf einen Tisch. Dann legst du ein dünnes Stück Pappe darüber. Jetzt kannst du durch die Pappe hindurch mit den Nägeln eine Skulptur bauen.

Was passiert?

Magnetfelder dringen auch durch Papier, Pappe oder Glas. Aber sie werden dabei deutlich schwächer.

Gefahr an der Kasse!

An Warenhauskassen findest du manchmal den Hinweis „Stopp! Hier keine Magnetkarten hinlegen". Unter diesen Platten ist ein Magnet verborgen. Wenn du deinen Geldbeutel dort hinlegst, besteht die Gefahr, dass die Chipkarten unlesbar werden. Denn das Magnetfeld dringt durch deinen Geldbeutel hindurch – und verändert den Magnetstreifen auf den Karten!

Das magnetische Wasser

Du brauchst:
- ein Plastiklineal

Reibe dein Lineal an einem Wollpullover. Nun drehst du einen Wasserhahn leicht auf und näherst dich dem Wasserstrahl mit dem Lineal.

Was passiert?
Kleine Wasserteilchen haben einen ganz besonderen Aufbau: Sie besitzen eine negativ geladene Seite und eine positive. Wenn du nun das elektrisch aufgeladene Lineal in die Nähe des Wasserstrahls bringst, drehen sich die Wasserteilchen alle so hin, dass die negativen Seiten dem Lineal zugewandt sind. (Das Lineal ist durch den Pullover positiv geladen.) Das Lineal kann nun die negative Seite zu sich heranziehen. Dadurch biegt sich der Strahl zum Lineal hin.

Gefahr im Badezimmer!

Weil Wasser sich leicht elektrisch auflädt, muss man mit elektrischen Geräten im Bad sehr vorsichtig sein. Niemals den Föhn mit die Badewanne nehmen!

Es funkt!

Du brauchst:
- einen Türknauf aus Eisen
- einen Kunststoffkamm

Reibe den Kamm an einem Wollpullover. Dann näherst du dich damit im dunklen Zimmer dem Türknauf.

Was passiert?
Ein kleiner Funke springt vom statisch aufgeladenen Kamm zum Türknauf über! Die Spannung dieses Stroms liegt zwischen 100 000 und 200 000 Volt – und ist dennoch völlig ungefährlich. Falls es nicht funktioniert, versuche es so: Stelle dich auf mehrere ganz trockene umgedrehte Saftgläser. Funkt es jetzt?

Gewischt!

Viehweiden werden oft von einem Elektrozaun abgesperrt. Auch hier fließt eine hohe Spannung durch den Draht. Bei einer Berührung fließen 5 000 Volt durch deinen Körper! Aber außer einem kleinem Schreck kann dir dabei nichts passieren …

hand - gesägt

Fliegende Haare

Du brauchst:
- einen Luftballon

Reibe einen Ballon an einem Wollpullover. Dann hältst du ihn an deine Haare. Der Versuch gelingt am besten, wenn deine Haare frisch gewaschen sind.

Was passiert?
Durch das kräftige Reiben werden dem Luftballon Elektronen entzogen. Er wird positiv geladen. Und jetzt zieht er deine – „neutralen“ – Haare hoch wie ein Magnet!

Ein „haariges“ Problem

Menschen mit glatten dünnen Haaren haben im trockenen Winter oder kurz vor Gewittern ein Frisurproblem. Denn die Luft ist (leicht) elektrisch aufgeladen, Sobald sie einen Pullover über den Kopf streifen, stehen die Haare hoch! Denn die Haare werden elektrisch aufgeladen und stoßen sich nun gegenseitig ab.

Anhängliche Folien

Du brauchst:
- zwei Streifen einer festen Plastikfolie

Reibe die Folien an einem Wollpullover und lass sie dann von oben hängen. Stoßen sie sich ab oder ziehen sie sich an? Nun halte deine Hand dazwischen.

Was passiert?
Durch das Reiben laden sich beide Folien elektrisch auf. Da sie die gleiche Ladung besitzen, stoßen sie sich ab. Deine Hand ist jedoch leicht anders geladen – und schon zieht sie die Folien an!

Klebrige Frischhaltefolie

Frischhaltefolie klebt immer zusammen. Wie kommt das? Durch das Auseinanderziehen von zwei Folien werden beide elektrisch entgegengesetzt geladen. Da sich verschiedene Ladungen anziehen, kleben Folienteile danach aneinander.

Der gepfefferte Trick

Du brauchst:

- gemahlenen Pfeffer
- Salz
- einen Teller
- einen Plastiklöffel

Vermische Salz und Pfeffer auf einem Teller. Wie kannst du die Gewürze wieder trennen? Ganz einfach. Reibe den Plastiklöffel an einem Wollpullover. Nähere dich nun langsam dem Gemisch. Gehe aber nicht zu nahe heran!

Was passiert?

Der Löffel wird durch das Reiben statisch aufgeladen. Dadurch werden Salz und Pfeffer angezogen. Da Pfeffer leichter ist, fliegt er zuerst nach oben!

Mülltrennung mit Trick

Auch in der Mülltrennung wird ausgenutzt, dass manche Abfallarten magnetisch sind: Ein großer Magnet zieht das alte Eisen aus einem Metallhaufen heraus.

P
S

Tanzendes Papier

Du brauchst:

- ein Lineal
- Seidenpapier

Schneide aus dem Seidenpapier kleine Figuren und lege sie auf den Tisch. Dann reibst du das Lineal an einem Wollpullover. Nähere dich deinen Figuren mit dem Lineal.

Was passiert?

Durch das kräftige Reiben wird das Lineal positiv geladen. Papier ist neutral, das heißt es hat gleich viele positive wie negative Ladungen. Führst du nun das Lineal zum Papier, dann ziehen sich die negativen Ladungen auf dem Papier und die positiven Ladungen auf dem Lineal an. Und das setzt das Papier in Bewegung. Irgendwann sind die Ladungen ausgeglichen und das Papier bleibt stehen.

Überall ist Styropor®...

Wenn du ein Stück Styropor® auseinander brichst, laden sich die Kügelchen durch den Vorgang des Brechens auf. Anschließend „kleben“ die Kügelchen überall: am Pullover, an der Tischplatte usw. Jeder, der mit Styropor® arbeitet, kennt dieses Problem.

3
4
5
6
7
8
9
10
11
12
13
14
15
16
17

Große Ballon-Party

Du brauchst:

- viele Luftballons

Blase die Luftballons auf und reibe sie an einem Pullover. Dann steigst du auf eine Leiter und hältst den Ballon an der geriebenen Stelle an die Decke.

Was passiert?

Die Ballons werden elektrisch aufgeladen und haften jetzt an der Decke!

Eine tolle Fete

Überrasche doch deine Gäste bei deinem nächsten Fest. „Klebe“ viele Ballons an die Decke als Dekoration! Im Laufe des Fests werden die Ballons langsam von der Decke fallen.

Der Magnet aus Strom

Du brauchst:

- einen dicken Nagel
- isolierten Draht
- eine Blockbatterie
- Stecknadeln

Wickle den Draht dicht um den Nagel. Dann entfernst du an den Drahtenden die Isolierung und verbindest den Draht mit der Batterie.

Was passiert?

Der Nagel wird zum Magneten und zieht die Stecknadeln hoch. Achtung! Die Batterie wird schnell warm, du kannst den Versuch daher immer nur kurze Zeit durchführen!

Eine heiße Kabeltrommel

Bei Sommerfesten werden oft Lichterketten aufgehängt. Und der Elektrogrill passt auch noch in die Kabeltrommel. Doch plötzlich fließt kein Strom mehr: Das Kabel war nicht abgerollt, der Stromfluss hat die Trommel aufgeheizt und die Sicherung ist rausgesprungen! Jetzt weißt du, warum man das Kabel immer ganz abrollen muss.

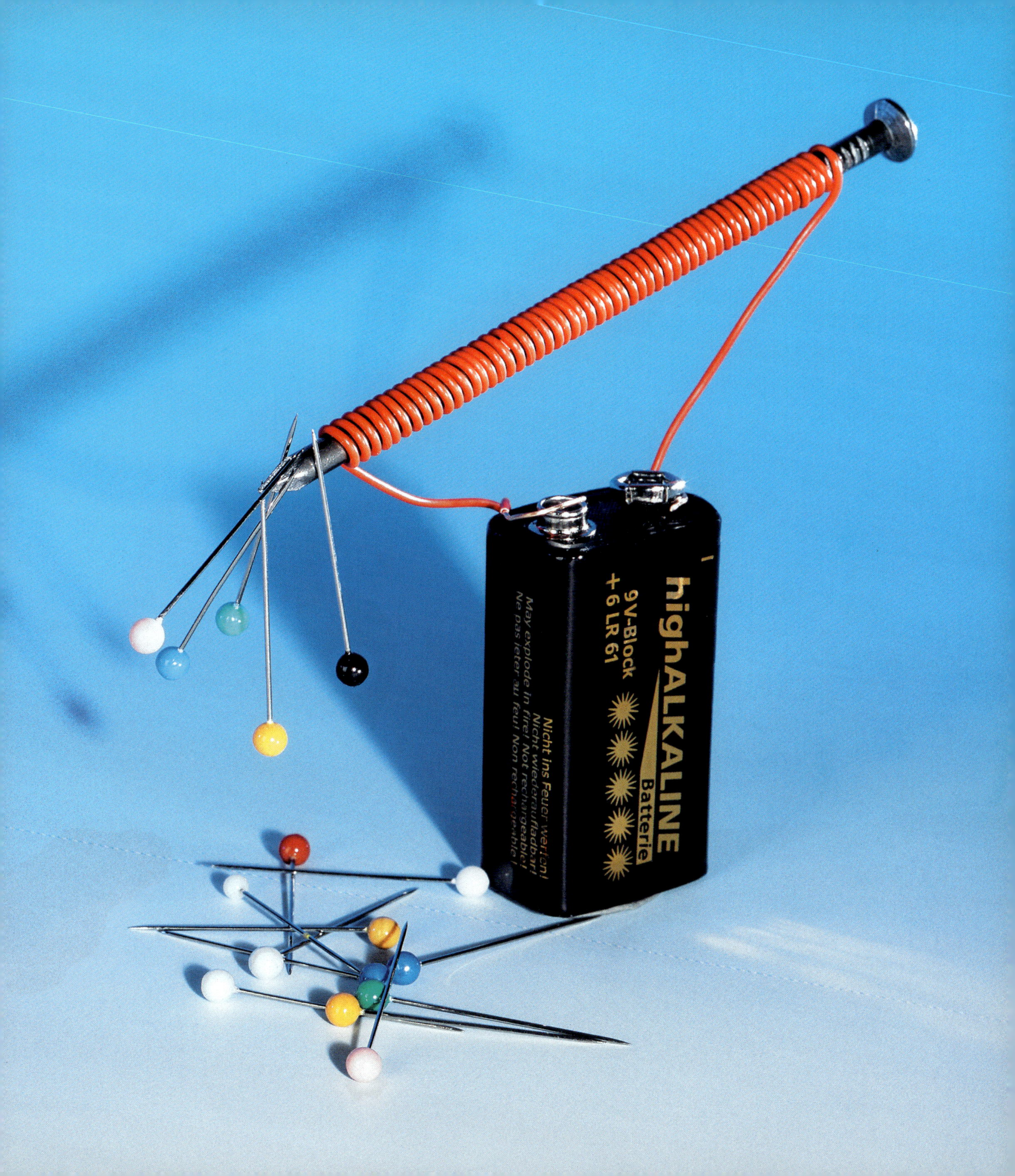
highALKALINE
Batterie
9V-Block
+6 LR 61

Ein Stromkreis

Du brauchst:

- eine Blockbatterie (9 Volt)
- isolierter Draht
- eine kleine Glühbirne (auf 9 Volt ausgerichtet)

Schneide zwei Drahtstücke ab und entferne die Isolierung an den Enden. Befestige je einen Draht an den Enden der Batterie. Dann führst du die anderen Enden zur Glühbirne.

Was passiert?

Strom fließt immer nur in einem geschlossenen Kreislauf: Nur wenn du den Stromkreis geschlossen hast, leuchtet die Lampe auf. Sobald du den Kontakt zur Batterie verlierst, erlischt sie sofort.

Zwei Stifte am Stecker

Ein Stromstecker hat immer zwei Stifte. Durch einen Stift fließt der Strom zum Beispiel zur Lampe, durch den anderen wieder in die Steckdose. Und wenn der Stecker gezogen ist, leuchtet auch die Lampe nicht mehr!

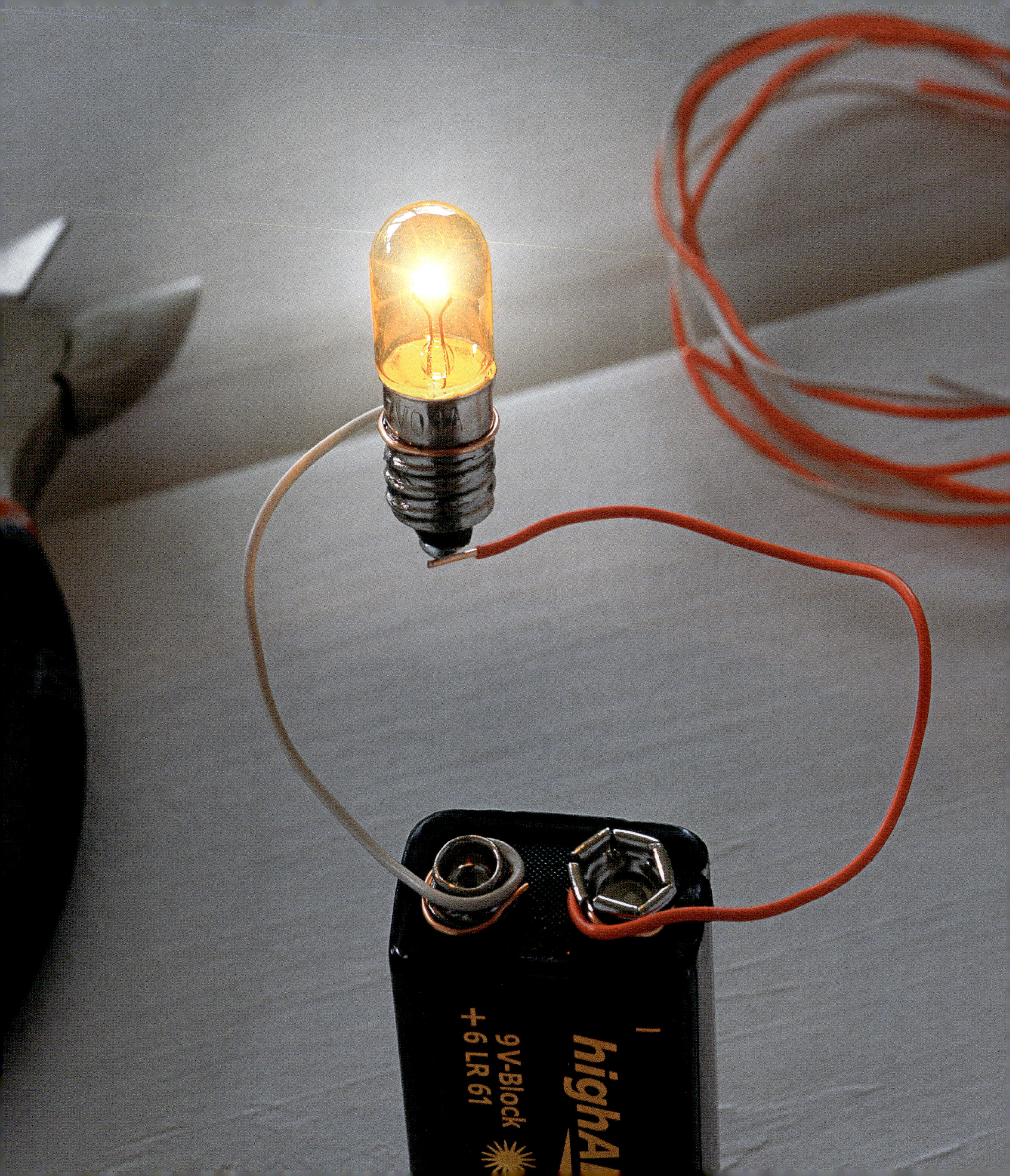
9V-Block
+ 6 LR 61

Licht ohne Strom

Du brauchst:
- eine Leuchtstoffröhre (kann auch defekt sein!)

Lösche das Licht und reibe nun mit einem Wollpullover schnell über die Röhre. Aber vorsichtig, denn solche Röhren sind zerbrechlich!

Was passiert?
Durch das Reiben wird das Gas in der Röhre kurz elektrisch aufgeladen und leuchtet!
Meist ist bei defekten Röhren nur der Starter kaputt. Deswegen klappt das Experiment auch bei diesen Röhren.

Edle Röhren

Leuchtstoffröhren sind mit einem Edelgas gefüllt. Wenn durch dieses Gas Strom fließt, beginnt es zu leuchten. Hierzu wird zunächst ein hoher Stromstoß in die Röhre gegeben: das Flackern beim Start. Erst dann beginnt der Strom von einem Ende der Röhre zum anderen zu fließen – und die ganze Röhre leuchtet.

32

An und aus, an und aus

Du brauchst:

- eine Blockbatterie
- zwei Kabel
- eine Büroklammer
  mit Kunststoffüberzug
- eine kleine Glühbirne

Baue mit den Kabeln einen Stromkreis auf: von der Batterie zum Lämpchen, von dort zur Büroklammer. Wickle das Ende des Drahtes so um die Klammer, wie auf dem Foto zu sehen, dann ein weiteres Drahtstück von der Büroklammer zurück zur Batterie. Drücke nun die Klammer zusammen!

Was passiert?

Wenn du die Klammer zusammendrückst, kann der Strom im Kreis fließen: Die Lampe leuchtet. Sobald du loslässt, wird der Kreis unterbrochen.

Wackelkontakt!

„Der Schalter hat einen Wackelkontakt“: Was bedeutet das eigentlich? Bei einem Wackelkontakt schließt der Schalter den Stromkreis nicht völlig. Der Stromfluss wird ständig unterbrochen: Wackelkontakt!

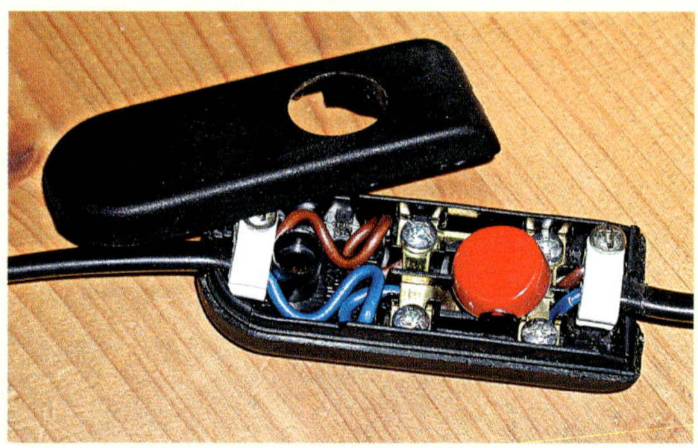

Strom ist gelb!

Du brauchst:

- eine Zitrone
- einen Eisennagel
- eine Büroklammer aus Kupfer

Stecke den Eisennagel und die aufgebogene Büroklammer aus Kupfer in die Zitrone. Dann näherst du dich beiden Gegenständen mit der Zunge.

Was passiert?

Deine Zitrone wirkt wie ein kleine Batterie. Verbindest du die beiden Metallstücke durch die Spucke auf der Zunge miteinander, wird im Inneren der sauren Frucht ein chemischer Prozess in Gang gesetzt. Es fließt eine winzige Menge Strom und auf deiner Zunge „britzelt" es!

Die Autobatterie

Der saure Zitronensaft wirkt als „Elektrolyt". So heißen Flüssigkeiten, die Strom leiten können. Auch in einer Autobatterie ist eine solche Säure. Wenn Autobatterien nicht mehr funktionieren, liegt es meist daran, dass die Säure ausgetauscht werden muss.

Es leuchtet!

Du brauchst:

- eine Blockbatterie
- zwei Drahtstücke
- Stahlwolle

Diesen Versuch solltest du unbedingt auf einer feuerfesten Unterlage machen! Stecke die beiden Drahtenden an die Batterie. Dann legst du etwas zusammengezwirbelte Stahlwolle auf die Drahtenden.

Was passiert?
Die Stahlwolle wird heiß und beginnt zu glühen!

Warum glühen Glühbirnen?

In der Glühbirne ist eine kleine Spirale aus ganz dünnem Draht, Glühwendel genannt. Wenn Strom durch diesen Draht fließt, wird er sehr heiß: fast 2 500 Grad! Der Draht glüht und beginnt daher zu leuchten.